*Terapia
do trabalho*

Coleção TERAPIA

• 1. Terapia da aceitação • 2. Terapia da amizade • 3. Terapia da autoestima • 4. Terapia da coragem diária • 5. Terapia do perdão • 6. Terapia do trabalho • 7. Terapia da oração • 8. Terapia do aniversário • 9. Terapia do bem-estar • 10. Terapia da paz • 11. Terapia da simplicidade • 12. Terapia do corpo • 13. Terapia do divertimento • 14. Terapia do ser mulher • 15. Terapia do Natal • 16. Terapia do estresse • 17. Terapia do casamento • 18. Terapia da vida • 19. Terapia do recém-nascido • 20. Terapia do professor • 21. Terapia da tristeza • 22. Terapia do viver segundo o espírito • 23. Terapia da ajuda • 24. Terapia da família • 25. Terapia do alto-astral • 26. Terapia de cada dia • 27. Terapia da serenidade • 28. Terapia do ser mãe • 29. Terapia da depressão • 30. Terapia da jardinagem • 31. Terapia da confiança em Deus • 32. Mais Terapia do bem-estar • 33. Terapia para os homens superarem a tristeza • 34. Terapia para pais e mães • 35. Terapia da preocupação • 36. Terapia do envelhecer com sabedoria • 37. Terapia da música • 38. Terapia para uma aposentadoria feliz • 39. Terapia da gratidão • 40. Terapia da adolescência • 41. Terapia para amenizar o sofrimento • 42. Terapia para lidar com pessoas difíceis • 43. Terapia da natureza • 44. Terapia do divórcio • 45. Terapia da boa alimentação • 46. Terapia para superar a solidão • 47. Terapia para curar seu coração • 48. Terapia da doação de si mesmo • 49. Terapia para vivência do luto no tempo de Natal • 50. Terapia da autoconfiança • 51. Terapia da gravidez • 52. Terapia para superar abusos e maus-tratos • 53. Terapia para enfrentar o câncer • 54. Terapia para enfrentar o vazio espiritual • 55. Trinta orações para momentos difíceis • 56. No aniversário de sua perda • 57. Terapia para a resolução de conflitos • 58. Quando seu pai ou sua mãe morre • 59. Terapia do toque • 60. Para viver cada dia, uma palavra da Bíblia

DANIEL GRIPPO
Ilustrações de R. W. Alley

Terapia do trabalho

PAULUS

Título original
Work Therapy
© Abbey Press, Indiana, 1995
ISBN 0-87029-276-5

Tradução
Paulo Bazaglia

Impressão e acabamento
PAULUS

Seja um leitor preferencial **PAULUS**.
Cadastre-se e receba informações
sobre nossos lançamentos e nossas promoções:
paulus.com.br/cadastro
Televendas: **(11) 3789-4000 / 0800 16 40 11**

MISTO
Papel produzido a partir
de fontes responsáveis
FSC® C108975

1ª edição, 1997
9ª reimpressão, 2019

© PAULUS – 1997

Rua Francisco Cruz, 229 • 04117-091 – São Paulo (Brasil)
Tel.: (11) 5087-3700
paulus.com.br • editorial@paulus.com.br

ISBN 978-85-349-1006-4

Apresentação

Trabalho, positivamente, significa realização, satisfação, aprendizado, crescimento e gratificação. É o meio pelo qual expressamos nossa individualidade, exercitamos nossas próprias forças e deixamos nossa marca no mundo.

No entanto, ele também produz ansiedade, frustração, tensão, tédio e desapontamento. O trabalho — ou sua falta — pode fazer-nos sentir abatidos, inúteis, inadequados, fracassados.

Se o trabalho estiver trazendo-lhe mais estresse que satisfação, ou se sua jornada de trabalho estiver causando-lhe mais aborrecimento que alegria, você pode estar precisando de *Terapia do trabalho*.

Este breve livro sugere caminhos a fim de prolongar a duração do seu emprego, descobrir — ou redescobrir — alegria no trabalho, suportar as horas difíceis e aprender com elas, saber quando é melhor mudar, e sobreviver à perda do emprego.

Entregues de todos os modos, nós trabalhamos — para uma empresa, para nossas famílias, para nós mesmos; num escritório, numa fábrica, em casa, ao ar livre; por dinheiro ou não —, gastamos grande parte de nossa vida trabalhando.

Você merece e pode viver os momentos de trabalho com grande satisfação e alegria. Deixe *Terapia do trabalho* trabalhar por você!

1.

O trabalho, como o amor, é radiante. Repare a variedade de trabalho que existe ao seu redor. Maravilhe-se com essa diversidade, com a quantidade de talentos que ela requer, com os abundantes benefícios que ela traz.

DEPTO. ADMIN.
LIMPA VIDROS LTDA
CALÇADOS
PALANQUE OFICIAL
HOT DOGS
PROJETO DA ESTRADA
VIA EM OBRAS
GRANDES VENDAS LTDA.
ENTREGA RÁPIDA

2.

Todo trabalho tem dignidade. Qualquer tarefa, grande ou pequena, é importante o bastante para ser realizada, completada, apreciada. Orgulhe-se do seu trabalho — e de você mesmo, por realizar o que realiza.

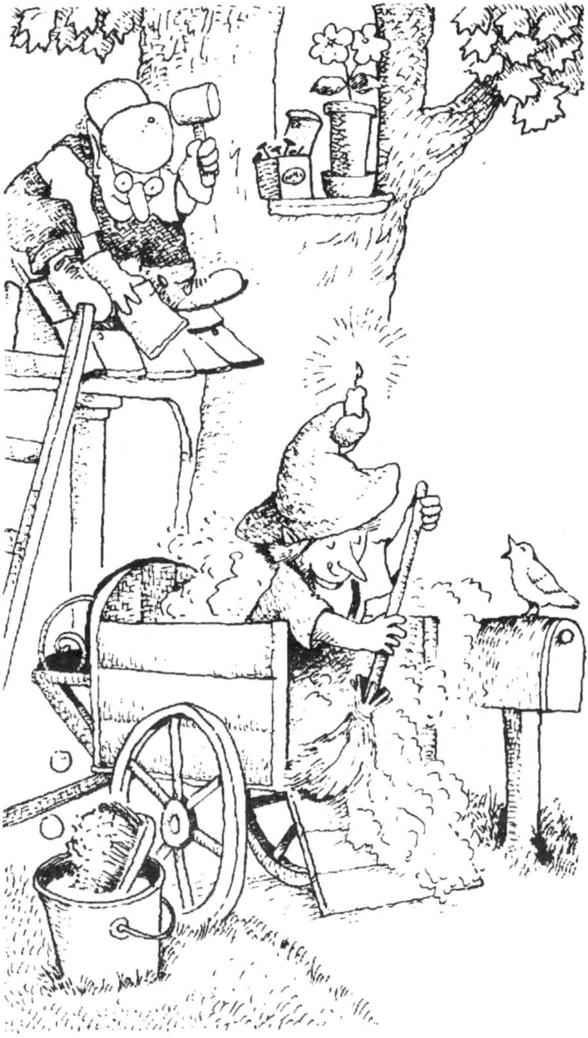

3.

O trabalho não precisa ser pago para ter valor. Repare o quanto de trabalho realmente importante na vida não envolve pagamento.

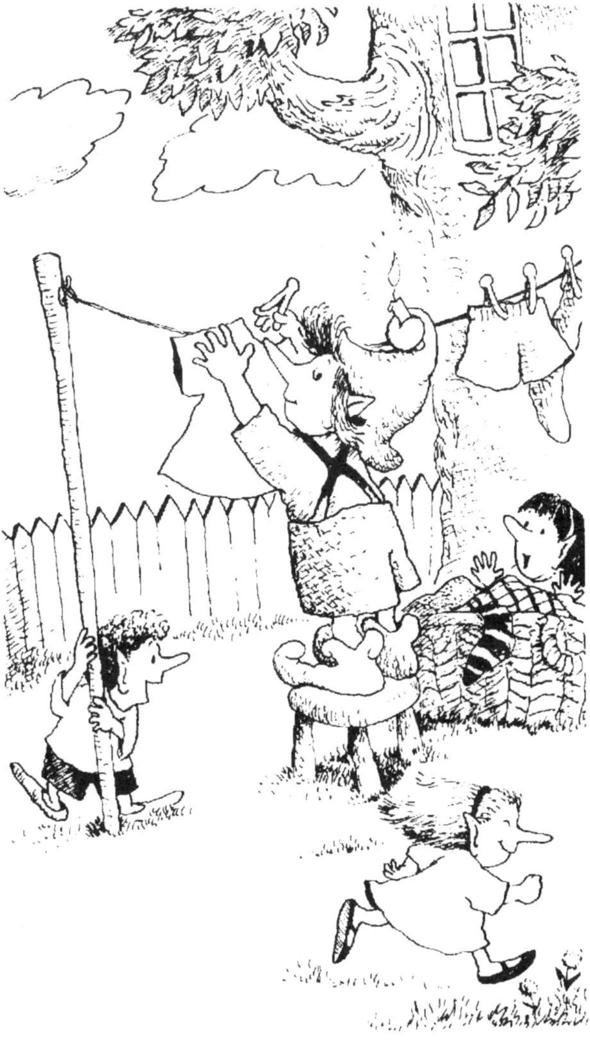

4.

*Todo trabalho pode ser criativo.
Seu trabalho é parte
da contínua criação do mundo.
Veja-se como um cocriador
com Deus.*

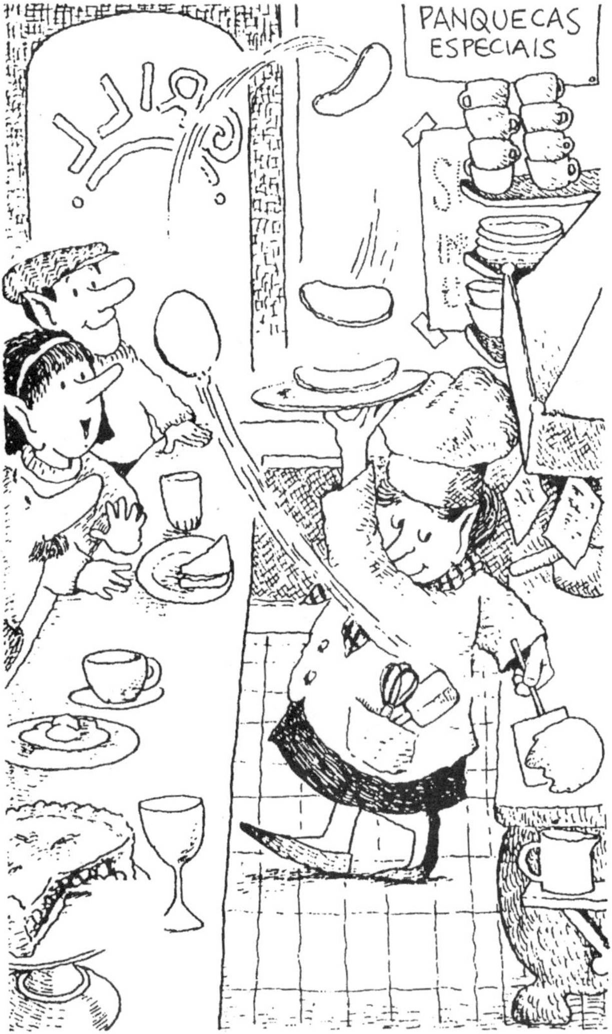
PANQUECAS
ESPECIAIS

5.

*Todo trabalho deveria preservar a criação e estar em harmonia com ela. Encontre meios de conservar, economizar e reciclar.
Seja um bom administrador.*

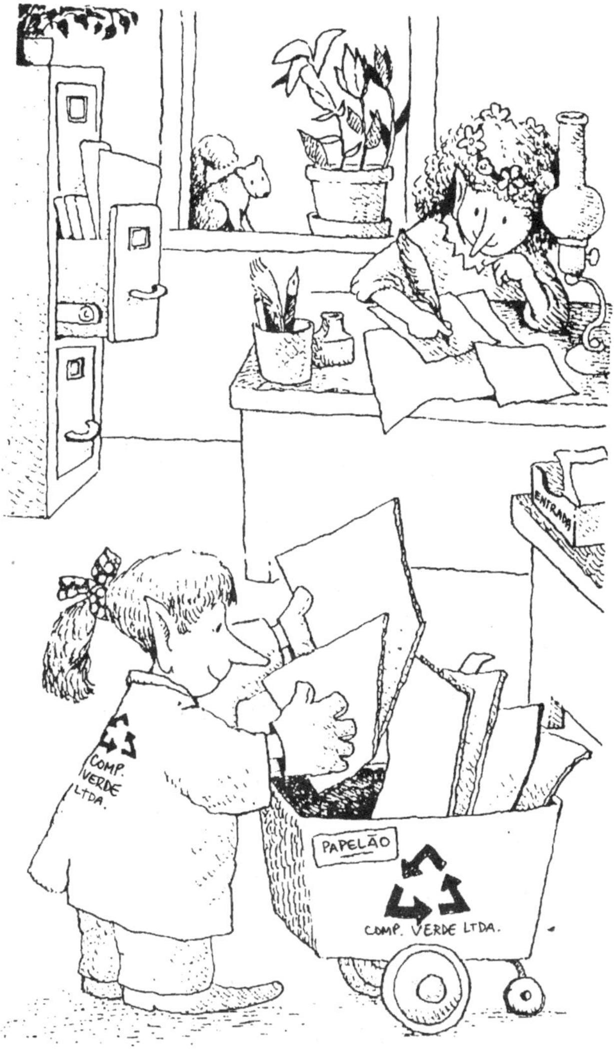
ENTRADA
COMP. VERDE LTDA.
PAPELÃO
COMP. VERDE LTDA.

6.

*Lembre-se com prazer
dos momentos em que você
sentiu profunda satisfação
no trabalho: quando você teve
uma ideia brilhante, participou
de um grupo de trabalho
amigável, descobriu a resposta
para uma questão complicada,
sentiu o bom cansaço
de um dia bem vivido.*

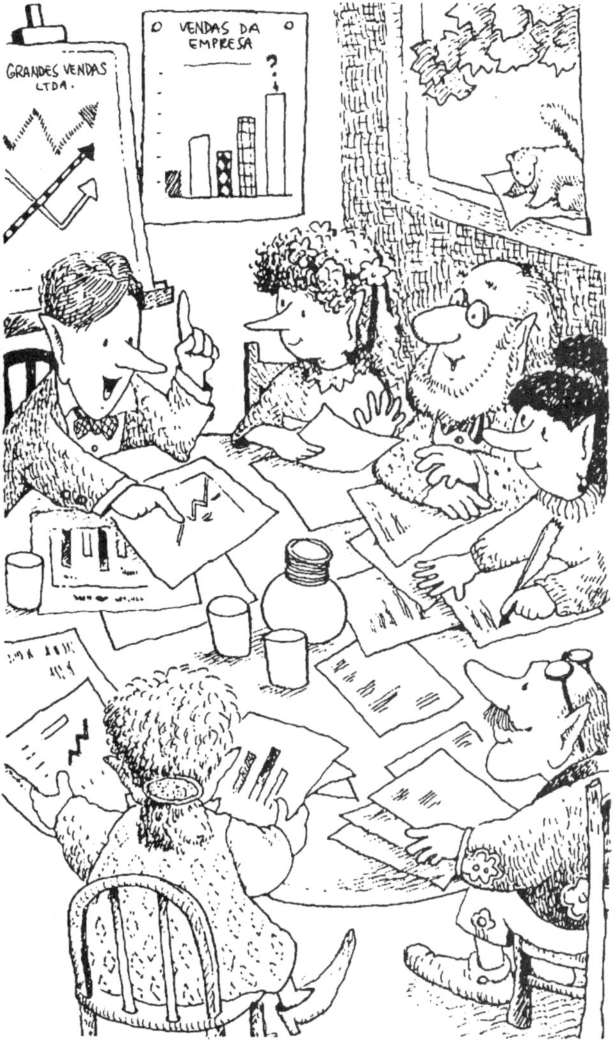
GRANDES VENDAS
LTDA.
VENDAS DA
EMPRESA

7.

Valorize os momentos de alegria na sua jornada de trabalho: o canto do passarinho do outro lado da janela, o perfume das flores em uma mesa, uma divertida história compartilhada no lanche.

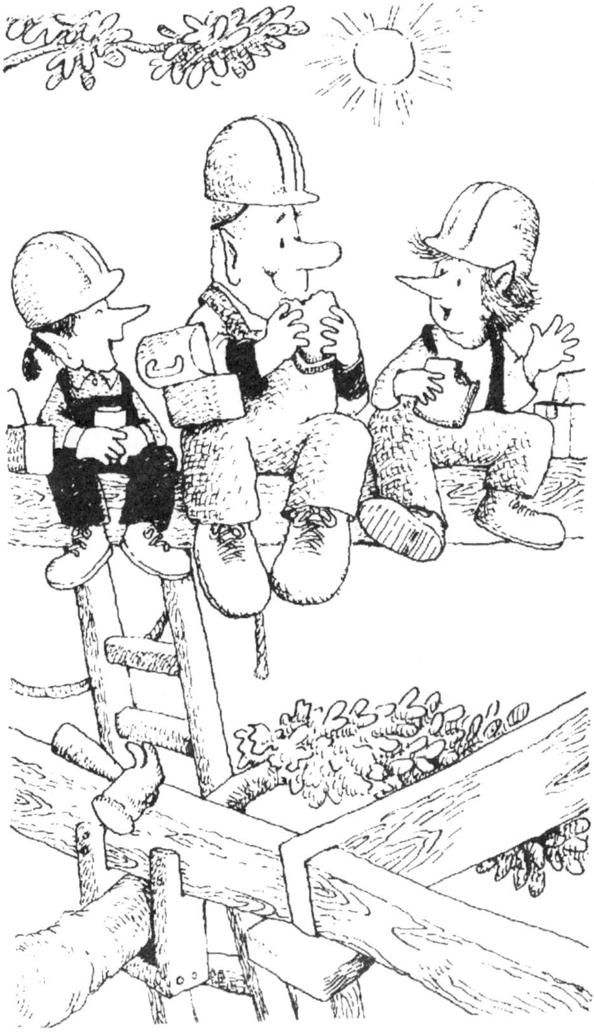

8.

Quando seu trabalho estiver estressante, tire férias. Faça alongamentos, olhe ao seu redor, caminhe sem pressa, tome uma bebida diferente, envolva-se mentalmente com o que você ama.

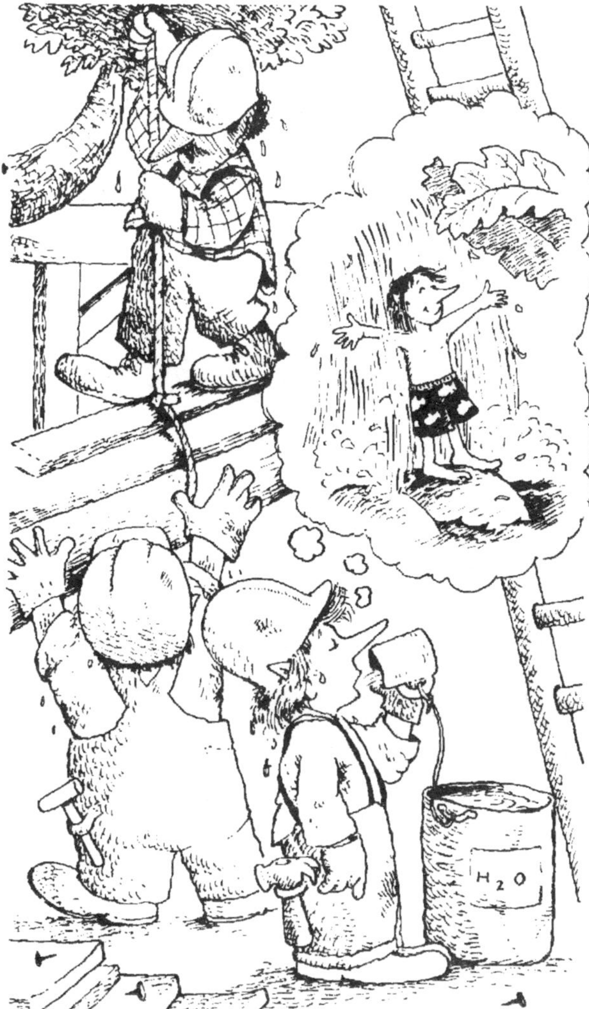
H 2 O

9.

*Confira equilíbrio, harmonia
e dinamismo ao seu trabalho.
Trabalhe tanto com as mãos
quanto com a cabeça,
tanto com a imaginação
quanto com a razão,
tanto sozinho
quanto em grupo.*

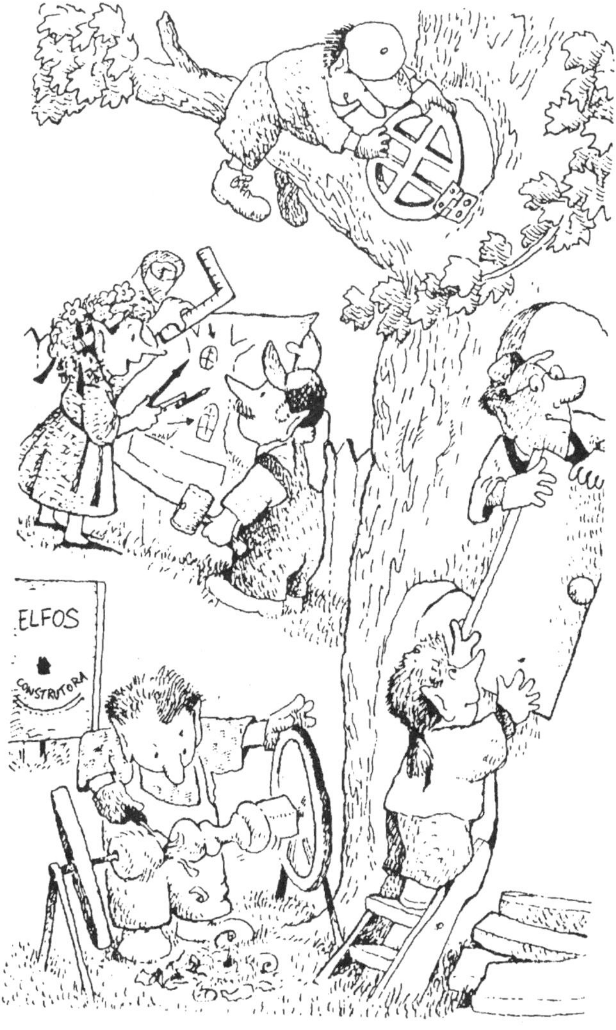
ELFOS
CONSTRUTORA

10.

*Avive sua jornada de trabalho
ampliando seu mundo.
Se você trabalha
dentro de quatro paredes,
encontre meios de se conectar
ao mundo de fora.
Se você cuida de crianças
e trabalha com elas,
procure fora contatos
com adultos.*

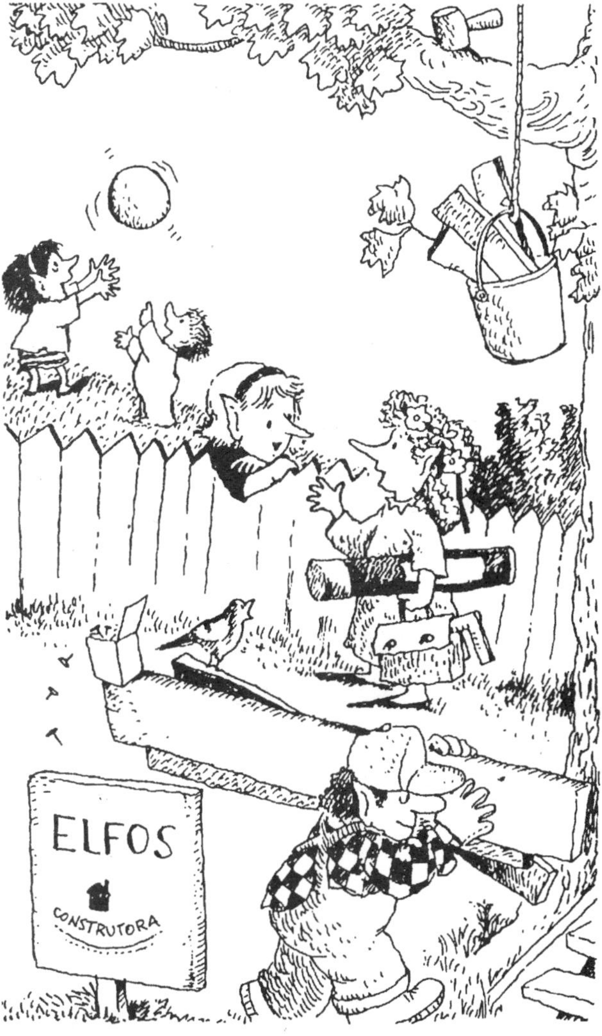
ELFOS
CONSTRUTORA

11.

*Quando a preguiça roubar
o melhor de você, imagine
como você se sente bem quando
realiza algo. Lembre-se de que
"começar bem é meio caminho
andado". Ou, simplesmente,
"faça o que deve ser feito".*

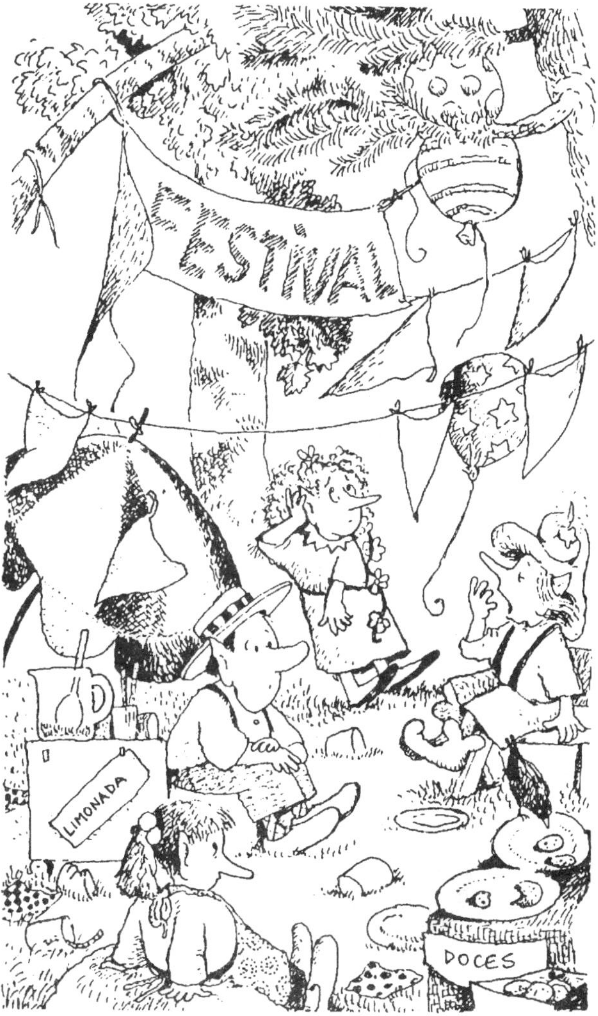
LIMONADA
DOCES

12.

Não tente fazer tudo de uma só vez. Quando você estiver se sentindo abatido, divida uma tarefa complicada em tarefas menores. Decida o que é mais importante e faça isso primeiro.

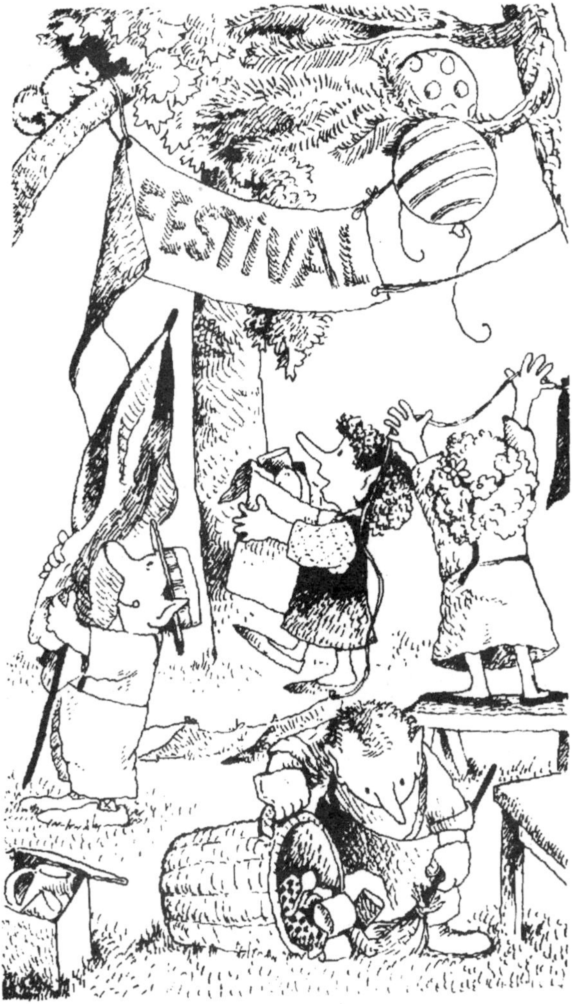
FESTIVAL

13.

Conheça a diferença entre ser eficiente e ser eficaz. Eficiência é fazer as coisas da maneira certa. Eficácia é fazer as coisas certas. Ambas são importantes; não sacrifique a eficácia por causa da eficiência.

FAIXA

14.

Estabeleça metas realizáveis e reconheça quando conseguiu alcançar cada uma. Reserve um tempo para alegrar-se consigo mesmo e apreciar tudo o que você conseguiu realizar com êxito, sem se preocupar com o que ainda resta a fazer.

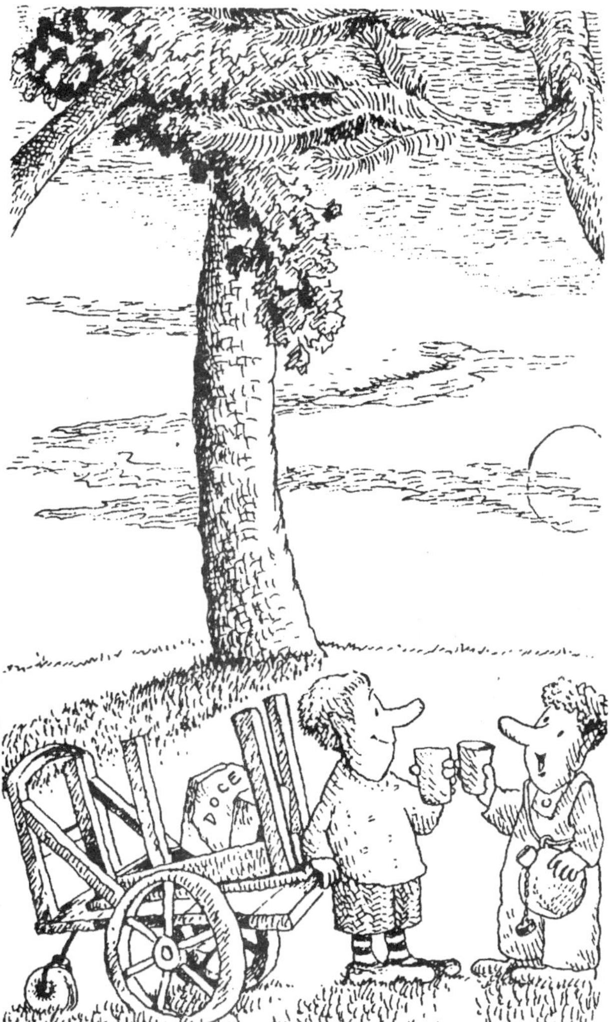
DOCE

15.

Personalize seu local
de trabalho a fim de criar um
ambiente que o enleve e agrade.
Fotos de pessoas queridas,
obras de arte, plantas
e frases favoritas
podem tornar o espaço
todo seu.

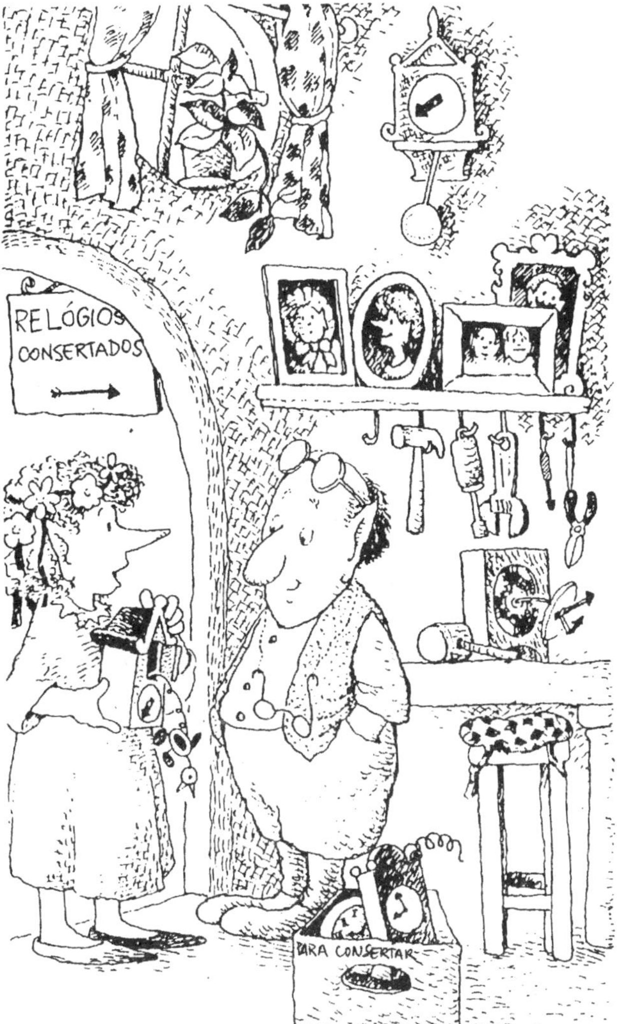
RELÓGIOS
CONSERTADOS
PARA CONSERTAR

16.

A regra de ouro se aplica ao seu local de trabalho: Trate seus companheiros de trabalho e seus clientes como você gostaria de ser tratado. É esse o espírito que prolongará a duração do seu emprego e do emprego dos outros.

SUPERMERCADO DO VALE
ATENDIMENTO AO CLIENTE
REF
REEMBOLSO
OVOS
FRESQUINHAS
FRESCAS

17.

Encare os conflitos no trabalho com caridade, perdão e sabedoria. Lembre-se de que a verdade tem muitas facetas. Procure, com meios criativos, ajudar a resolver as brigas.

ENTRADA
FABRICADORA DE FRASCOS
COLINA DOS ELFOS
POTES DE MEL LTDA
ON
OFF
SAÍDA
POTES
POTES
POTES DE MEL LTDA

18.

*Se algo está quebrado,
não espere que outra pessoa
venha consertá-lo. Contribua,
usando suas habilidades
e talentos para tornar
as coisas melhores.*

ENTRADA
COLINA DOS ELFOS
POTES DE MEL LTDA.
ON
POTES
PROJETO DA FABRICADORA DE FRASCOS
TES
VIDRO

19.

Todo emprego tem lá suas coisas menos boas, suas dificuldades e momentos de desânimo. Faça uma lista de todas as coisas boas sobre seu trabalho; recorra a ela nos dias difíceis.

OFF
METAS DE PRODUÇÃO
PRODUÇÃO DIÁRIA 6
OFF
POTES ACABADOS (MEL)
POTES DE MEL ACABADOS

20.

*Se você está pensando
em deixar um cargo
ou procurando obter uma
transferência, relacione
os aspectos positivos
e negativos entre permanecer
e mudar. Considere-os
atentamente e dê tempo
ao tempo. Não tome decisões
precipitadas.*

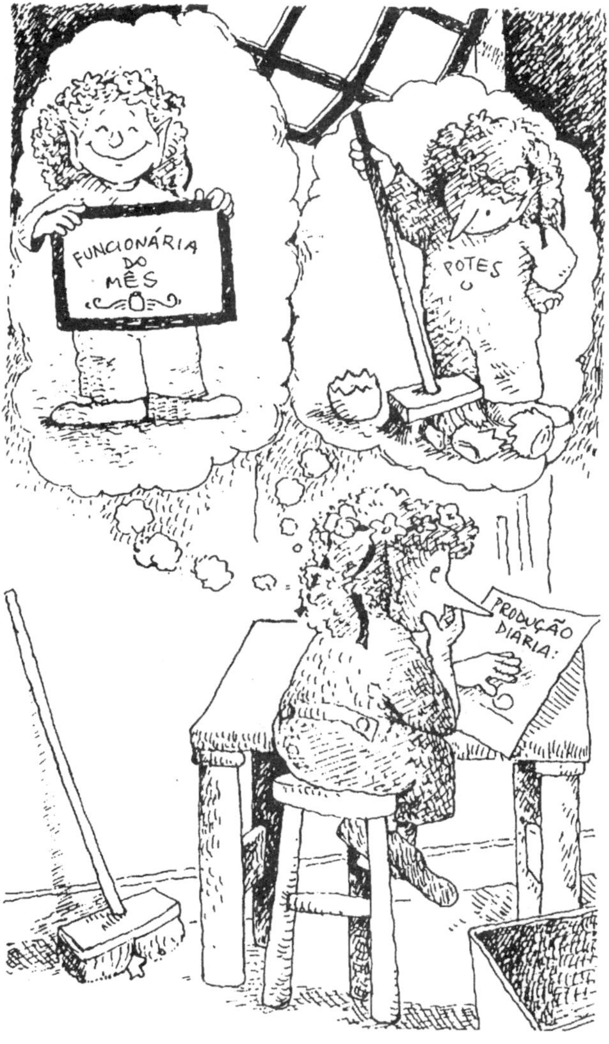
FUNCIONÁRIA DO MÊS
POTES
PRODUÇÃO DIÁRIA:

21.

Se você está um tanto infeliz com seu trabalho, se nunca vislumbrou mais distante sua jornada de trabalho, decida o que poderia torná-lo feliz. Procure meios de tornar o sonho realidade.

AULAS NOTURNAS
INSCREVA-SE JÁ
ARTES LIBERAIS
CIÊNCIAS
AULAS NOTURNAS
TRABALHOS
ANOTAÇÕES

22.

*Se você está convicto de que
é tempo de mudar, faça-o.
Mas não destrua pontes.
Deixar um emprego
não significa deixar os bons
amigos. Permaneça em contato
com eles.*

COLINA
DOS ELFOS

POTES
DE
MEL
LTDA.

23.

Exploração, abuso e condições injustas de trabalho também existem. Se você sente que está sendo explorado no ambiente de trabalho, procure aconselhar-se. Conheça seus direitos de trabalhador.

ADVOGADO
TRABALHISTA

Por favor, entre.

24.

Se você perder o emprego,
não perca a confiança
em si mesmo. Você é mais
que o seu emprego, e o seu valor
é bem maior que um salário.

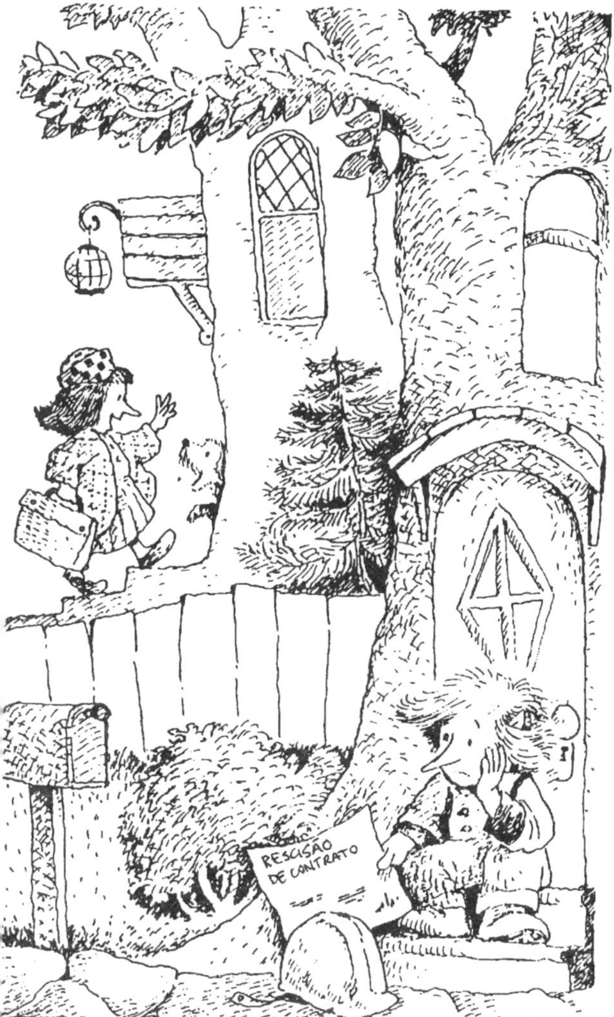
RESCISÃO
DE CONTRATO

25.

*Quando você perder
um emprego ou uma promoção
tão desejada, é normal
que fique preocupado,
como ficaria por causa
de qualquer outra perda
significativa. Encontre meios
saudáveis para expressar
a dor e o desapontamento;
então continue caminhando,
levando a vida adiante.*

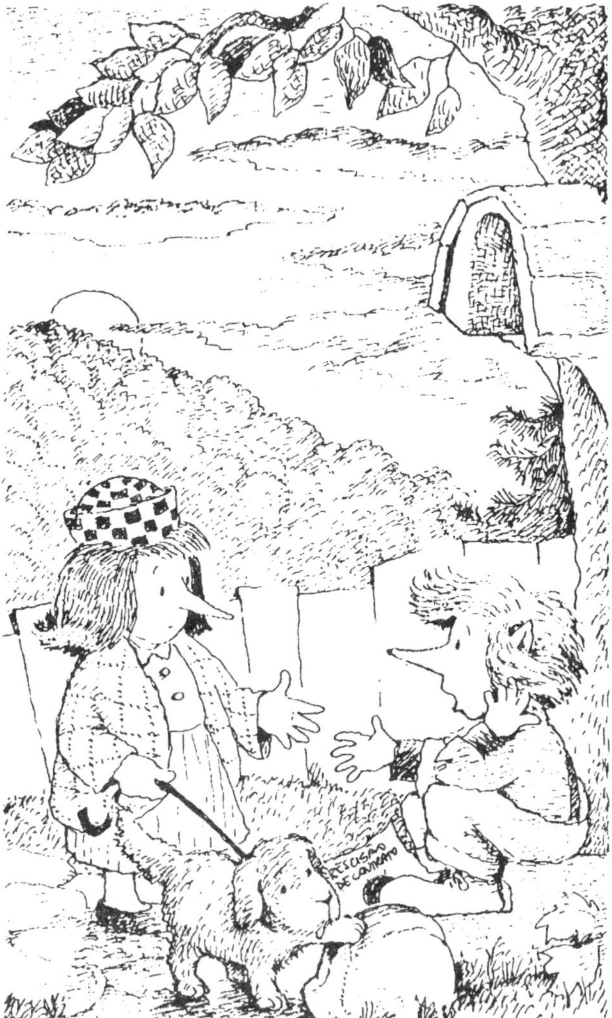
RESCISAO
DE CONTRATO

26.

Quando você estiver procurando trabalho, lance mão de todos os recursos: amigos, agências, bibliotecas, classificados, lista de telefones. Considere o próprio processo de procurar um emprego de tempo integral como um verdadeiro emprego de tempo integral.

VALE
DOS ELFOS
LIVRARIA
EMPRESA
MUNDIAL
LTDA.
JORNAL
DOS ELFOS
EMPRESA
MUNDIAL
LTDA.
10:30

27.

Você poderá sentir-se desanimado e ansioso quando estiver desempregado. Isso é compreensível. Encontre um ouvido solidário e compartilhe seus sentimentos. Prossiga em direção à sua meta. Cultive a paciência e a perseverança.

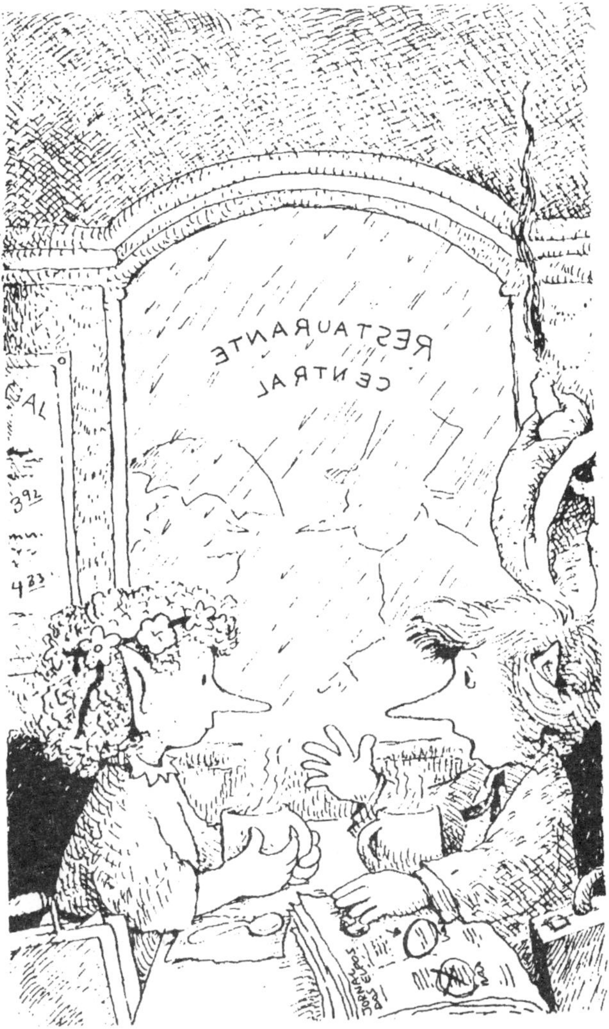
RESTAURANTE
CENTRAL

28.

Quando você estiver procurando
novas possibilidades de trabalho,
identifique as experiências
e realizações que alcançou
em seus anos vividos.
Por exemplo, se você iniciou
uma família, provavelmente
desenvolveu consideráveis
habilidades que podem ser
valiosas aos olhos
de um empregador.

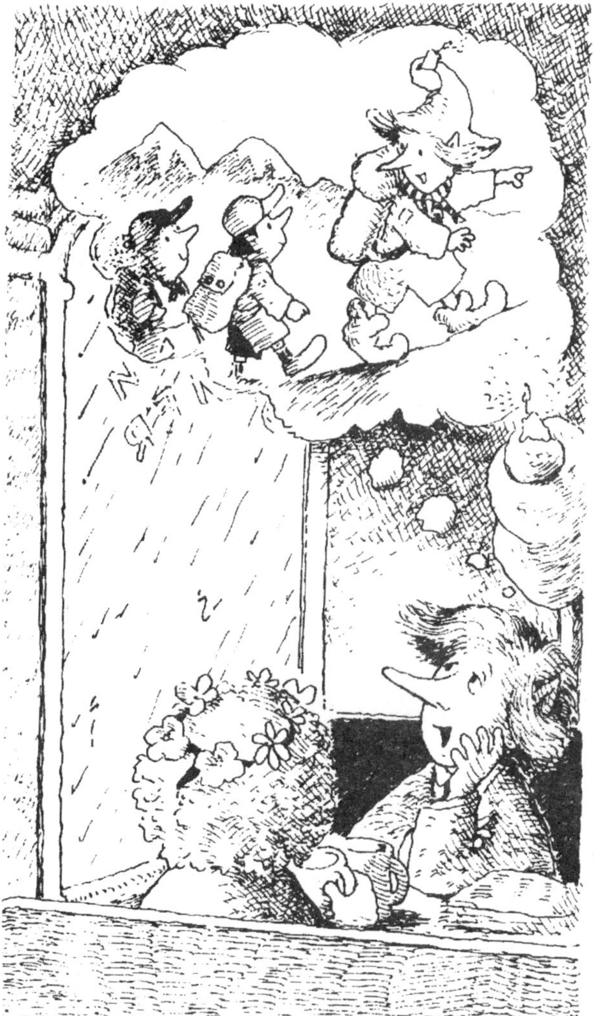

29.

A perda de um emprego pode ser uma oportunidade para aprender, crescer, mudar, definir-se a si mesmo de maneira nova. Avalie seus dons e preste atenção ao que seu coração está lhe dizendo.

DIRETOR DE
ASSISTÊNCIA
ÀS
CRIANÇAS

30.

Cultive interesses para com o mundo exterior, de maneira que sua vida seja mais que seu emprego. Se você já esqueceu como se joga, gaste um tempo com as crianças — ou com sua criança interior.

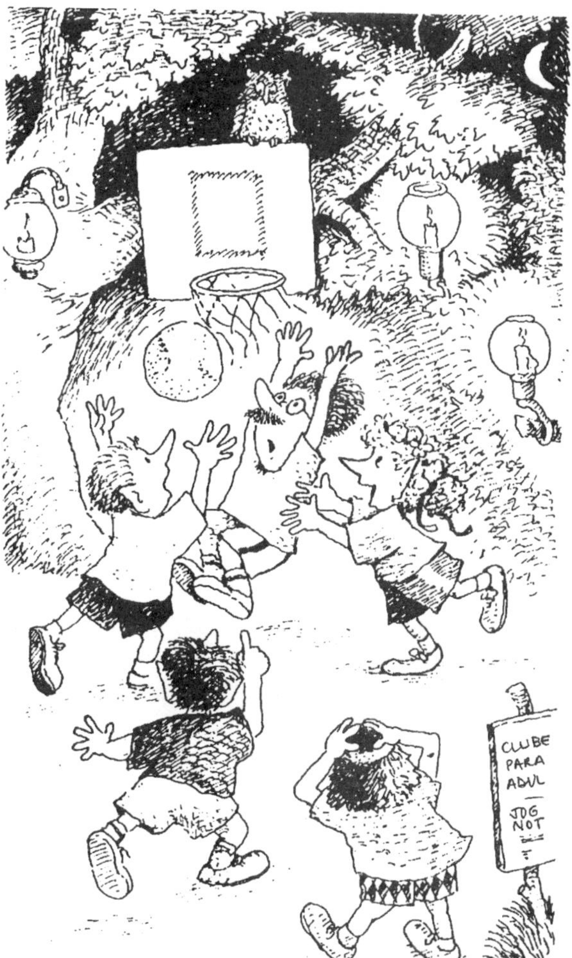
CLUBE
PARA
ADUL
JOG
NOT

31.

O trabalho voluntário
não torna felizes apenas
aqueles que o recebem; ele é
uma grande fonte de satisfação
e crescimento também para
aqueles que o oferecem.
Encontre um meio para
estender a mão e fazer
do espaço em que você vive
um lugar melhor.

CRIANÇAS COM NECESSIDADES ESPECIAIS

BASQUETE

32.

Se você às vezes precisa levar trabalho para casa, faça-o conscientemente.

Outras vezes você talvez deseje ultrapassar seu horário de trabalho e permanecer até mais tarde. Se você toma decisões conscientes a respeito do seu trabalho, estará mais vitalizado e não gastará energia à toa.

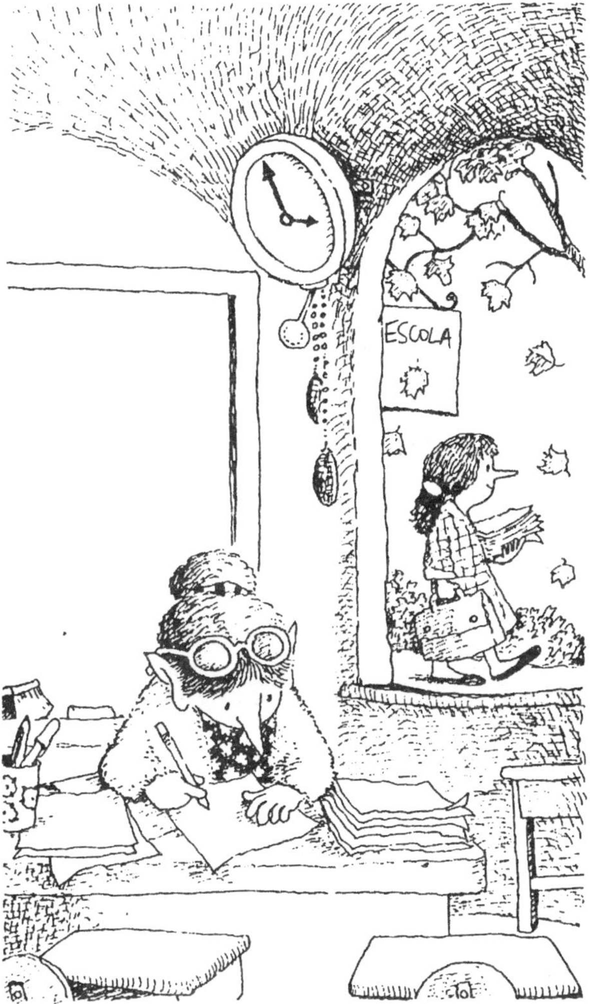
ESCOLA

33.

Não trabalhe sete dias
por semana. Seu corpo,
sua mente e seu espírito
precisam descansar
e renovar-se para que você
esteja de bem com a vida.
O próprio Deus descansou
um dia.

VALE DOS ELFOS
PISTA DE PATINAÇÃO

34.

*Quando você tirar férias, realmente tire férias.
Não arraste trabalho com você, pensando que "eles não conseguem fazer nada" sem você. Eles podem.
E conseguirão.
Deixe-os fazer.*

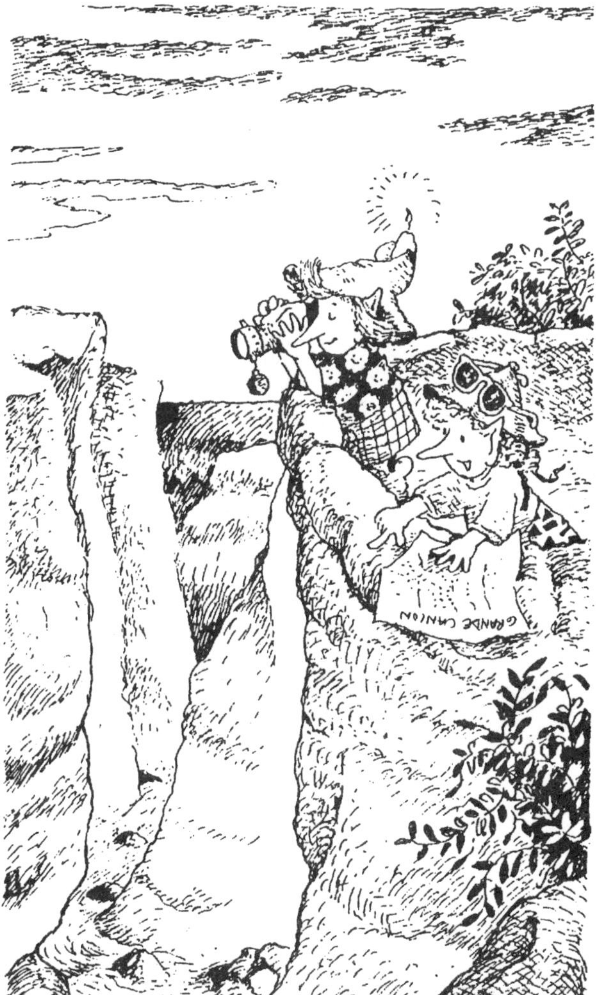
GRANDE CANYON

35.

*Complete o espaço vazio:
"No final da minha vida,
eu desejaria ter gasto
mais tempo_____ ".
Faça disso uma realidade, agora.*

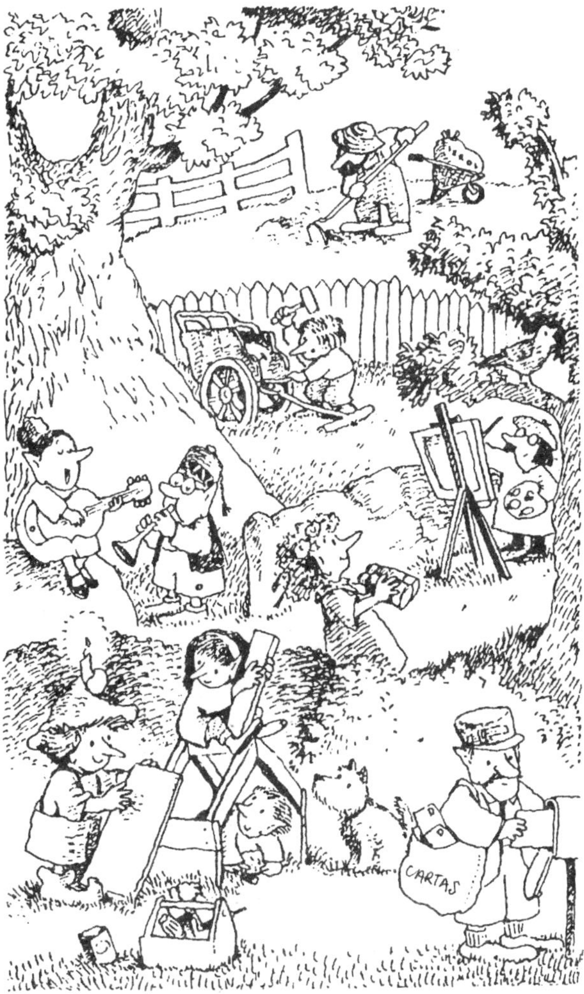
CARTAS

Educador, autor e editor, **Daniel Grippo** mora em Prairie Village, Kansas. Ele diz que está "trabalhando para seguir os conselhos de *Terapia do trabalho*".

Ilustrador na Abbey Press Elf-help Books, **R. W. Alley** também ilustra e escreve livros infantis. Mora em Barrington, Rhode Island, com a mulher, uma filha e um filho.